# CÓMO ADMINISTRAR Y CRECE TU INVERSIONES

## Una guía completa y estrategias para la creación de patrimonio y la gestión de carteras

### JACK L. SILVA

# DERECHOS DE AUTOR

# TABLA DE CONTENIDOS

# PARTE 1: ENTENDIENDO LAS INVERSIONES

# INTRODUCCIONES

Bienvenido a **"Cómo gestionar y hacer crecer sus inversiones"** donde descubrirá los conceptos básicos de la gestión de inversiones que le guiarán hacia el éxito financiero. Este libro está diseñado para ayudarle a comprender los conceptos básicos de las inversiones, crear una cartera personalizada, gestionar riesgos y explorar temas avanzados. Al final, tendrá una hoja de ruta clara para lograr sus objetivos financieros a través de estrategias de inversión efectivas.

## POR QUÉ ES IMPORTANTE LA GESTIÓN DE INVERSIONES

La gestión de inversiones desempeña un papel crucial a la hora de generar riqueza y asegurar un futuro financiero estable. Con el enfoque correcto, puede hacer crecer sus activos, crear flujos de ingresos pasivos y prepararse para acontecimientos importantes de la vida, como la jubilación o la financiación de la educación. Al aprender a gestionar las inversiones, usted toma el control de su destino financiero, minimiza los riesgos y se asegura de que sus activos funcionen para usted.

La gestión de inversiones le ayuda a afrontar la volatilidad del mercado, la inflación y otros desafíos económicos. También ofrece la flexibilidad de diversificar sus activos, protegerse contra riesgos potenciales y capitalizar nuevas oportunidades a medida que surjan. En última instancia, la gestión de inversiones es la clave para lograr la libertad financiera y crear un legado para las generaciones futuras.

Aporto una amplia experiencia en el campo de las inversiones, con experiencia en análisis financiero y gestión de carteras. A lo largo de los años, he ayudado a clientes de diversos orígenes a crear, administrar y hacer crecer sus inversiones. Mi experiencia abarca una amplia gama de vehículos de inversión, estrategias de gestión de riesgos y técnicas de planificación financiera. A través de este libro, mi objetivo es compartir mis conocimientos y perspectivas, brindándole consejos prácticos y pasos prácticos para administrar y hacer crecer sus inversiones de manera efectiva.

Con esta base, emprendamos un viaje para explorar los diferentes aspectos de la gestión de inversiones, comenzando por lo básico y avanzando gradualmente hacia temas más avanzados. Este libro le proporcionará el conocimiento y las herramientas para tomar decisiones de inversión informadas, independientemente de su nivel de experiencia.

## LECCIONES CLAVE

☐ La inversión es un componente clave del éxito financiero.
☐ Comprender los conceptos básicos de la gestión de inversiones es crucial para el crecimiento a largo plazo.
☐ El libro cubrirá estrategias para gestionar y aumentar las inversiones.

**Preguntas**

1. ¿Por qué es importante la gestión de inversiones para el éxito financiero?

2. ¿Qué puedes esperar aprender de este libro?

**Respuestas**

1. La gestión de inversiones es importante porque ayuda a aumentar su patrimonio con el tiempo y a alcanzar objetivos financieros como la jubilación o la compra de una casa.

2. Este libro cubre conceptos básicos de inversión, estrategias, gestión de riesgos, construcción de carteras y temas avanzados para ayudarle a gestionar y hacer crecer sus inversiones.

# 2. FUNDAMENTOS BÁSICOS DE LA INVERSIÓN

## DEFINICIONES DE TÉRMINOS CLAVE

Comprender los términos clave de inversión es crucial para comprender los conceptos básicos de la inversión. Analicemos algunos de los términos más comunes en un lenguaje sencillo:

**Cepo:** Participaciones de propiedad en una empresa. Cuando compras acciones, eres propietario de una parte de esa empresa y tus rendimientos dependen de su desempeño. Las acciones pueden generar dividendos y aumentar su valor con el tiempo.

**Cautiverio:** Títulos de deuda emitidos por corporaciones o gobiernos. Cuando compras un bono, estás prestando dinero al emisor a cambio de pagos de intereses y la devolución del principal al vencimiento.

**Los fondos de inversión:** Fondos de inversión que reúnen dinero de múltiples inversores para invertir en una cartera diversificada de acciones, bonos u otros valores. Los fondos mutuos se administran profesionalmente.

**Fondos cotizados en bolsa (ETF):** Similares a los fondos mutuos, pero se negocian en bolsas de valores como acciones individuales. Los ETF ofrecen diversificación y flexibilidad a los inversores.

**Fideicomisos de inversión inmobiliaria (REIT):** Empresas que poseen, operan o financian bienes inmuebles generadores de ingresos. Los REIT le permiten invertir en bienes raíces sin comprar propiedades físicas.

**Tipos de Inversiones:** Acciones, Bonos, Bienes Raíces, etc. Los inversores tienen varias opciones de inversión, cada una con características, rendimientos potenciales y riesgos únicos. **A continuación se ofrece una descripción general de los tipos principales:**

**Acciones:** Invertir en acciones brinda una oportunidad de apreciación del capital y dividendos. Las acciones pueden ser volátiles y los precios se ven influenciados por las tendencias del mercado y el desempeño de las empresas.

**Cautiverio:** Los bonos generalmente se consideran de menor riesgo que las acciones y ofrecen estabilidad y pagos de intereses regulares. Sin embargo, pueden ofrecer rendimientos más bajos y son sensibles a los cambios en las tasas de interés.

**Los fondos de inversión:** Ofrecen diversificación y gestión profesional, lo que los hace adecuados para inversores que desean distribuir el riesgo entre múltiples activos. Las tarifas pueden variar, afectando las devoluciones.

**ETF:** Al igual que los fondos mutuos, los ETF ofrecen diversificación, pero suelen ser más flexibles y tienen tarifas más bajas. Pueden ser específicos de un sector o tener un alcance más amplio.

**Bienes raíces:** Invertir en bienes raíces puede generar ingresos por alquiler y apreciación de la propiedad. Requiere una gestión más práctica y puede tener costos de entrada más altos en comparación con otras inversiones.

# PERFILES DE RIESGO DE DIFERENTES INVERSIONES

*Las diferentes inversiones conllevan distintos niveles de riesgo, lo que afecta los rendimientos potenciales y la volatilidad de la cartera. A continuación se muestra un desglose de los perfiles de riesgo para cada tipo de inversión:*

**Cepo:** *Generalmente se considera de alto riesgo debido a la volatilidad del mercado y factores específicos de la empresa. Pueden generar altos rendimientos pero son propensos a fluctuaciones significativas.*

**Cautiverio:** *Por lo general, tienen un riesgo menor que las acciones y brindan rendimientos estables a través del pago de intereses. Sin embargo, aún pueden conllevar riesgos relacionados con el crédito, las tasas de interés y la inflación.*

**Los fondos de inversión:** *El nivel de riesgo depende de la estrategia de inversión y la diversificación del fondo. Algunos se centran en acciones de alto riesgo, mientras* que otros pueden invertir en activos más estables como los bonos.

**ETF:** Al igual que los fondos mutuos, el perfil de riesgo varía según los activos subyacentes. Los ETF de base amplia tienden a ser menos riesgosos, mientras que los de sectores específicos pueden conllevar más riesgos.

**Bienes raíces:** El riesgo en el sector inmobiliario varía según factores como la ubicación, el tipo de propiedad y las condiciones del mercado. Si bien los bienes raíces pueden proporcionar rendimientos constantes, están sujetos a crisis económicas y riesgos específicos de la propiedad.

---

## LECCIONES CLAVE

- ☐ Las inversiones son de varios tipos con diferentes perfiles de riesgo.
- ☐ Comprender los términos clave de inversión es esencial para tomar decisiones informadas.
- ☐ La diversificación ayuda a reducir el riesgo en una cartera.

**Preguntas**

1. ¿Cuáles son los principales tipos de inversiones y en qué se diferencian?

2. ¿Qué es la diversificación y por qué es importante?

**Respuestas**

1. Los principales tipos de inversiones son acciones (acciones), bonos, bienes raíces y otras alternativas. Se diferencian en términos de riesgo y potencial de retorno. Las acciones son de alto riesgo con mayores rendimientos, los bonos son de menor riesgo con menores rendimientos y los bienes raíces ofrecen valor a largo plazo.

2. La diversificación implica distribuir las inversiones entre diferentes clases de activos para reducir el riesgo. Ayuda a garantizar que las pérdidas en un área puedan compensarse con ganancias en otra.

# 3. ESTRATEGIA DE INVERSIÓN

## IMPORTANCIA DE TENER UNA ESTRATEGIA

Una estrategia de inversión bien definida es vital para el éxito y la gestión de riesgos. Sin un enfoque estructurado, los inversores pueden tomar decisiones impulsivas basadas en tendencias del mercado o reacciones emocionales, lo que lleva a resultados subóptimos. He aquí por qué tener una estrategia es crucial:

**Consistencia:** Una estrategia proporciona un marco coherente para tomar decisiones de inversión, reduciendo la probabilidad de elecciones erráticas.

**Gestión de riesgos:** Ayuda a identificar y gestionar los riesgos de forma eficaz, lo que le permite equilibrar los rendimientos potenciales con niveles de riesgo aceptables.

**Orientación de objetivos:** Una estrategia estructurada se alinea con sus objetivos financieros, garantizando que cada decisión de inversión tenga un propósito.

**Adaptabilidad:** Una buena estrategia puede adaptarse a las condiciones cambiantes del mercado y a las circunstancias personales, permitiendo flexibilidad sin sacrificar la estabilidad.

# ESTABLECER METAS FINANCIERAS

Establecer objetivos financieros claros es la piedra angular de una estrategia de inversión exitosa. Le ayuda a concentrarse en lo que está tratando de lograr y le proporciona una hoja de ruta para su viaje de inversión. Aquí hay una guía para establecer metas financieras efectivas:

**Metas a corto plazo:** Estos son objetivos que desea alcanzar en unos pocos años, como comprar un automóvil, financiar la educación o ahorrar para el pago inicial de una casa. Los objetivos a corto plazo suelen requerir inversiones de menor riesgo con rendimientos estables.

**Metas a largo plazo:** Estos objetivos tienen un horizonte temporal más largo, como la planificación de la jubilación o la creación de riqueza generacional. Los objetivos a largo plazo pueden dar cabida a inversiones de mayor riesgo con mayor potencial de crecimiento.

**Criterios INTELIGENTES:** Haga que sus objetivos sean específicos, mensurables, alcanzables, relevantes y con plazos determinados para garantizar la claridad y la rastreabilidad.

**Identificación de estilos de inversión:** Crecimiento, Valor, Ingresos, etc.
Los estilos de inversión representan diferentes enfoques de inversión, cada uno con beneficios y riesgos únicos. Comprender estos estilos le ayudará a elegir un enfoque que se alinee con sus objetivos y tolerancia al riesgo:

**Inversión de crecimiento:** Este estilo se centra en empresas con alto potencial de crecimiento, a menudo en industrias emergentes. Si bien las acciones de crecimiento pueden generar rendimientos sustanciales, también pueden ser más volátiles

.

**Inversión de valor:** Este estilo apunta a acciones infravaloradas con fundamentos sólidos. Los inversores en valor buscan empresas que coticen por debajo de su valor intrínseco, con el objetivo de lograr una apreciación a largo plazo.

**Inversión de ingresos:** Los inversores en ingresos priorizan los ingresos regulares a través de dividendos o pagos de intereses. Este estilo es común entre los jubilados o quienes buscan un flujo de caja estable.

**Inversión equilibrada:** La inversión equilibrada, una combinación de estilos de crecimiento, valor e ingresos, ofrece diversificación y puede adaptarse a la tolerancia al riesgo individual.

# CREAR UN PLAN DE INVERSIÓN PERSONAL

Un plan de inversión personalizado es esencial para lograr objetivos financieros y al mismo tiempo gestionar el riesgo. Aquí tienes una guía paso a paso para crear tu plan:

1. **Evalúe su situación financiera:** Evalúe su estado financiero actual, incluidos ingresos, gastos, deudas e inversiones existentes.

2. **Defina sus objetivos financieros:** Con base en la orientación anterior, establezca objetivos específicos a corto y largo plazo.

3. **Determine su tolerancia al riesgo:** Comprenda con qué riesgo se siente cómodo en función de su situación financiera y sus objetivos.

4. **Elija su estilo de inversión:** Decida qué estilos de inversión se alinean con sus objetivos y tolerancia al riesgo.

5. **Cree una cartera diversificada:** Cree una cartera diversificada con una combinación de activos que se alineen con su estilo de inversión.

6. **Establecer pautas de inversión:** Defina reglas para reequilibrar, revisar y adaptar su cartera a lo largo del tiempo.

7. **Monitorear y ajustar:** Revise periódicamente el rendimiento de su cartera y ajústelo según sea necesario para mantenerse al día con sus objetivos financieros.

Seguir estos pasos le ayudará a crear un plan de inversión personalizado que le guiará hacia el éxito financiero mientras gestiona el riesgo de forma eficaz.

---

## LECCIONES CLAVE

- ☐ Tener una estrategia de inversión clara es crucial para el éxito.
- ☐ Establecer objetivos financieros ayuda a guiar su estrategia de inversión.
- ☐ Los diferentes estilos de inversión se adaptan a diferentes objetivos y tolerancias al riesgo.

**Preguntas**

1. ¿Por qué es importante tener una estrategia de inversión clara?
2. ¿Cuáles son algunos estilos de inversión comunes?

**Respuestas**

1. Una estrategia de inversión clara proporciona una hoja de ruta para alcanzar sus objetivos financieros, ayudándole a mantenerse concentrado y evitar

decisiones emocionales durante las fluctuaciones del mercado.

2. Los estilos de inversión comunes incluyen la inversión de crecimiento, que se centra en acciones de alto potencial, la inversión en valor, que busca acciones infravaloradas, y la inversión en ingresos, que apunta a activos que pagan dividendos.

# 4. GESTIÓN DE RIESGOS

## ENTENDIENDO LOS RIESGOS DE INVERSIÓN

*Los riesgos de inversión se presentan de muchas formas y pueden afectar significativamente el rendimiento de su cartera. Para gestionar el riesgo de forma eficaz, es fundamental comprender los tipos comunes de riesgos de inversión:*

**Riesgo de mercado:** *El riesgo de pérdidas debido a las fluctuaciones del mercado. Las acciones y otros valores están influenciados por las tendencias económicas, las ganancias corporativas y el sentimiento de los inversores, lo que genera volatilidad.*

**Riesgo de inflación:** *El riesgo de que el aumento de la inflación erosione el poder adquisitivo de sus rendimientos. Las inversiones con renta fija, como los bonos, son particularmente vulnerables al riesgo de inflación.*

**Riesgo de tipo de interés:** El riesgo de que los cambios en las tasas de interés afecten el valor de las inversiones. Cuando las tasas de interés suben, los precios de los bonos generalmente caen, lo que afecta a las carteras con importantes tenencias de bonos.

**Riesgo crediticio:** El riesgo de incumplimiento cuando un emisor de bonos no cumple con sus obligaciones de pago. Este riesgo es más frecuente en el caso de bonos con calificaciones más bajas o valores de alto rendimiento.

**Riesgo de liquidez:** El riesgo de no poder vender una inversión rápidamente sin cambios significativos en el precio. Los activos ilíquidos, como los bienes raíces, pueden plantear riesgos de liquidez.

**Riesgo de cambio:** El riesgo de pérdidas por fluctuaciones monetarias en las inversiones internacionales. Los cambios en los tipos de cambio pueden afectar los rendimientos de los activos extranjeros.

# ESTRATEGIAS DE DIVERSIFICACIÓN

La diversificación es una estrategia clave de gestión de riesgos que implica distribuir sus inversiones entre diferentes clases de activos e industrias para reducir el riesgo general. He aquí por qué la diversificación es importante y algunas estrategias efectivas para lograrla:

**Por qué es importante la diversificación:** La diversificación ayuda a mitigar el impacto de una desaceleración en un sector o clase de activos específicos. Al tener una cartera bien diversificada, se reduce el riesgo de pérdidas significativas por cualquier inversión.

**Diversificar por clase de activo:** Incluya una combinación de acciones, bonos, bienes raíces y otros activos en su cartera para distribuir el riesgo entre diferentes tipos de inversión.

**Diversificar por industria:** Dentro de cada clase de activos, invierta en diferentes industrias para evitar el riesgo de concentración. Por ejemplo, invierta en acciones de tecnología, atención médica y bienes de consumo para crear una cartera equilibrada.

**Diversificación Geográfica:** Invertir en mercados nacionales e internacionales para reducir el impacto de las fluctuaciones económicas regionales. Esta estrategia ayuda a mitigar los riesgos específicos de cada país.

**Diversificar por estilo de inversión:** Incorpore inversiones de crecimiento, valor e ingresos para lograr un enfoque equilibrado que se adapte a sus objetivos y tolerancia al riesgo.

# TÉCNICAS DE COBERTURA

La cobertura implica el uso de instrumentos financieros para compensar pérdidas potenciales en su cartera. Si bien no es una garantía contra pérdidas, la cobertura puede ayudar a gestionar el riesgo. A continuación se muestran algunas técnicas básicas de cobertura:

**Opciones:** Contratos que le otorgan el derecho de comprar o vender un activo a un precio predeterminado dentro de un período de tiempo específico. Las opciones se pueden utilizar para protegerse contra posibles pérdidas en acciones u otros activos.

**Derivados:** Instrumentos financieros derivados de activos subyacentes, como contratos de futuros. Los derivados se pueden utilizar para protegerse contra las fluctuaciones del mercado o los cambios en los precios de las materias primas.

**ETF inversos:** Fondos cotizados en bolsa diseñados para moverse inversamente a índices de mercado específicos. Pueden actuar como cobertura durante las caídas del mercado.

**Oro y metales preciosos:** Invertir en oro u otros metales preciosos puede proporcionar una protección contra la inflación y la incertidumbre económica.

# EQUILIBRIO DE RIESGO Y RECOMPENSA EN UNA CARTERA

Lograr una cartera estable y diversificada requiere equilibrar el riesgo y la recompensa. Así es como puede lograr el equilibrio adecuado:

**Evaluar la tolerancia al riesgo:** Comprenda su tolerancia al riesgo en función de su situación financiera y objetivos de inversión. Una menor tolerancia al riesgo puede requerir una cartera más conservadora.

**Mezcla de clases de activos**: Cree una cartera que incluya una combinación de activos de mayor y menor riesgo. Las acciones ofrecen potencial de crecimiento, mientras que los bonos y otros valores de renta fija brindan estabilidad.

**Reequilibrio periódico**: Reequilibre periódicamente su cartera para mantener la asignación de activos deseada. Esto ayuda a mantener bajo control el riesgo y la recompensa.

**Centrarse en objetivos a largo plazo**: Evite tomar decisiones de inversión basadas en tendencias del mercado a corto plazo. Tener en mente sus objetivos a largo plazo le ayuda a mantenerse concentrado durante la volatilidad del mercado.

**Monitoreo continuo**: Supervise periódicamente el rendimiento de su cartera y realice los ajustes necesarios para garantizar que se alinee con su estrategia de inversión y tolerancia al riesgo.

Al implementar estas estrategias de gestión de riesgos, puede crear una cartera resistente que resista las *fluctuaciones del mercado y logre el éxito de las inversiones a largo plazo.*

---

## LECCIONES CLAVE

- ☐ *Comprender los riesgos asociados con las inversiones es fundamental.*
- ☐ *La diversificación y la cobertura son estrategias clave de gestión de riesgos.*
- ☐ *Equilibrar el riesgo y la recompensa es esencial para una cartera exitosa.*

### Preguntas

1. ¿Cuáles son algunos riesgos comunes asociados con las inversiones?

2. ¿Cómo ayuda la diversificación a gestionar el riesgo?

### Respuestas

1. Los riesgos comunes incluyen el riesgo de mercado, el riesgo de crédito, el riesgo de tasa de interés y el riesgo de inflación. Estos pueden afectar el valor de las inversiones y los rendimientos potenciales.

2. La diversificación reduce el riesgo al distribuir las inversiones entre varias clases de activos e industrias, lo que reduce el impacto de una sola pérdida en la cartera general.

# PARTE 2: CONSTRUYENDO SU PORTAFOLIO

# 5. VEHÍCULOS DE INVERSIÓN

Los vehículos de inversión son los instrumentos utilizados para invertir en diversos activos. A continuación te presentamos un resumen de algunos de los más comunes, junto con sus características y beneficios:

**Cepo:** Las acciones representan acciones de propiedad de una empresa. Ofrecen potencial de apreciación del capital y dividendos, brindando oportunidades de obtener rendimientos significativos. Las acciones pueden ser volátiles y los precios se ven influenciados por las tendencias del mercado y el desempeño de la empresa. Son adecuados para inversores que buscan crecimiento a largo plazo y están dispuestos a tolerar cierto riesgo.

**Cautiverio:** Los bonos son títulos de deuda emitidos por corporaciones, municipios o gobiernos. Cuando compras un bono, estás prestando dinero al emisor a cambio de pagos de intereses y la devolución del principal al vencimiento. Los bonos generalmente se consideran de menor riesgo que las acciones y ofrecen rendimientos estables, pero pueden tener un menor potencial de crecimiento.

**Los fondos de inversión:** Los fondos mutuos reúnen dinero de múltiples inversores para invertir en una cartera diversificada de acciones, bonos u otros valores. Son administrados por administradores de fondos profesionales que toman decisiones de inversión en nombre de los inversores. Los fondos mutuos ofrecen diversificación y conveniencia, lo que los hace adecuados para inversores que prefieren un enfoque de no intervención. Sin embargo, a menudo vienen con gastos de gestión.

**Fondos cotizados en bolsa (ETF):** Los ETF son similares a los fondos mutuos, pero se negocian en bolsas de valores como acciones individuales. Ofrecen diversificación y flexibilidad, lo que permite a los inversores comprar y vender acciones durante todo el día de negociación. Los ETF suelen tener tarifas más bajas que los fondos mutuos y pueden rastrear índices, sectores o clases de activos específicos.

## BIENES RAÍCES Y OTRAS ALTERNATIVAS

Además de los vehículos de inversión tradicionales como acciones y bonos, las inversiones alternativas pueden complementar una cartera proporcionando diversificación adicional y posibles flujos de ingresos. He aquí un vistazo a algunas inversiones alternativas populares:

**Bienes raíces:** Invertir en bienes raíces puede generar ingresos por alquiler y apreciación de la propiedad. Las inversiones inmobiliarias van desde propiedades residenciales hasta edificios comerciales y fideicomisos de inversión inmobiliaria (REIT). Los bienes raíces pueden ser una fuente estable de ingresos, pero a menudo requieren una gestión práctica y conllevan riesgos relacionados con los valores de las propiedades y las fluctuaciones del mercado.

**Productos básicos:** Las materias primas son activos físicos como el oro, la plata, el petróleo y los productos agrícolas. Invertir en materias primas puede ofrecer una protección contra la inflación y diversificar una cartera. Sin embargo, los precios de las materias primas pueden ser volátiles, influenciados por la oferta y la demanda, eventos geopolíticos y otros factores.

**Fondos de capital privado y de cobertura:** Estas inversiones implican reunir dinero de múltiples inversores para invertir en empresas privadas o protegerse contra los riesgos del mercado. Ofrecen altos rendimientos pero a menudo requieren un capital significativo y están sujetos a menos regulación, lo que los hace más riesgosos.

## ELEGIR LOS VEHÍCULOS DE INVERSIÓN ADECUADOS

La selección de los mejores vehículos de inversión depende de los objetivos individuales, la tolerancia al riesgo y el horizonte de inversión. **A continuación se ofrecen algunos consejos para elegir los vehículos adecuados para su cartera:**

**Identifique sus objetivos de inversión:** Determine si su objetivo es lograr crecimiento, ingresos o una combinación de ambos a largo plazo. Esto le ayudará a seleccionar los vehículos de inversión adecuados.

**Evalúe su tolerancia al riesgo**: Comprenda su nivel de comodidad con el riesgo. Si prefiere la estabilidad, considere bonos o fondos mutuos centrados en los ingresos. Si está dispuesto a asumir más riesgos para obtener mayores rendimientos, las acciones o los ETF orientados al crecimiento podrían ser adecuados.

**Considere su horizonte de inversión**: La cantidad de tiempo que planea invertir afecta su elección de vehículos. Para objetivos a corto plazo, opte por opciones de menor riesgo, como los bonos. Para objetivos a largo plazo, las acciones y otros vehículos de mayor riesgo pueden proporcionar rendimientos significativos.

**Diversifique su cartera**: No ponga todas sus inversiones en un solo vehículo o clase de activo. Apunte a una cartera diversificada con una combinación de acciones, bonos y otras alternativas.

**Tenga en cuenta las tarifas y gastos**: Tenga en cuenta las tarifas asociadas con los fondos mutuos y los ETF. Las tarifas elevadas pueden erosionar sus rendimientos con el tiempo. Busque opciones rentables que proporcionen una buena diversificación.

**Revisar y ajustar periódicamente**: A medida que su situación financiera y sus objetivos cambien, revise sus vehículos de inversión para asegurarse de que se alineen con sus objetivos.

Al considerar estos factores, puede elegir los vehículos de inversión adecuados que se adapten a sus objetivos y le ayuden a crear una cartera diversificada y equilibrada.

## LECCIONES CLAVE

- ☐ Los diferentes vehículos de inversión ofrecen diversos beneficios y riesgos.
- ☐ Comprender estos vehículos le ayudará a elegir los adecuados para su cartera.
- ☐ Los bienes raíces y otras alternativas pueden diversificar una cartera.

## Preguntas

1. ¿Cuáles son los principales vehículos de inversión y qué los diferencia?

2. ¿Cuáles son los beneficios de incluir bienes inmuebles en una cartera?

## Respuestas

1. Los principales vehículos de inversión son acciones, bonos, fondos mutuos, ETF y bienes raíces. Las acciones representan la propiedad de una empresa, mientras que los bonos son instrumentos de deuda. Los fondos mutuos y los ETF agrupan múltiples activos para facilitar la diversificación.

2. Los bienes raíces pueden proporcionar rendimientos estables, protegerse contra la inflación y diversificar una cartera. También puede ofrecer ingresos por alquiler y apreciación del capital con el tiempo.

# 6. CONSTRUCCIÓN DE CARTERA

## CONSTRUYENDO UNA CARTERA DIVERSIFICADA

La diversificación es un principio fundamental en la construcción de carteras, que ayuda a reducir el riesgo y mejorar el potencial de obtener rendimientos consistentes. A continuación se ofrece una guía sobre cómo crear una cartera diversificada utilizando varias clases de activos:

1. **Identifique sus clases de activos**: Una cartera diversificada normalmente incluye una combinación de diferentes clases de activos, como acciones, bonos, bienes raíces y efectivo. Considere incluir otras alternativas como materias primas o REIT para una diversificación adicional.

2. **Diversificar dentro de las clases de activos**: Dentro de cada clase de activos, diversifique entre industrias y sectores. En el caso de las acciones, considere la tecnología, la atención médica, los bienes de consumo y la energía. Para los bonos, elija una combinación de bonos gubernamentales y corporativos con diferentes vencimientos y calificaciones crediticias.

**3. Incluir Inversiones Internacionales:** La diversificación geográfica puede ayudar a reducir el riesgo. Invierta en acciones y bonos internacionales para distribuir el riesgo entre diferentes regiones y economías.

**4. Considere los estilos de inversión:** Combine inversiones centradas en crecimiento, valor e ingresos para equilibrar el riesgo y la recompensa. Este enfoque le permite capturar el potencial de crecimiento mientras mantiene un flujo de ingresos estable.

**5. Equilibre los activos de alto y bajo riesgo:** Determine su tolerancia al riesgo y equilibre los activos de alto riesgo, como las acciones, con los activos de menor riesgo, como los bonos. Esto ayuda a gestionar la volatilidad de la cartera y proporciona estabilidad durante las caídas del mercado.

**6. Utilice una combinación de inversiones activas y pasivas:** Incluya fondos gestionados activamente para obtener un posible rendimiento superior e inversiones pasivas, como fondos indexados, para una diversificación rentable.

**7. Supervise y ajuste periódicamente:** Revise periódicamente el rendimiento de su cartera y realice los ajustes necesarios para mantener la diversificación y alinearse con su estrategia de inversión.

## ASIGNACIÓN DE ACTIVOS Y REEQUILIBRIO

La asignación de activos se refiere a cómo distribuye sus inversiones entre diferentes clases de activos. El reequilibrio es el proceso de ajustar su asignación de activos para mantener el equilibrio riesgo-recompensa deseado. He aquí por qué estos conceptos son importantes y cómo implementarlos:

**Importancia de la asignación de activos:** La asignación de activos determina el nivel de riesgo general de su cartera y el rendimiento esperado. Una estrategia de asignación bien pensada equilibra el riesgo y la recompensa según sus objetivos y su tolerancia al riesgo. También ayuda a minimizar el impacto de las fluctuaciones del mercado.

**Establecer su asignación de activos:** Determine la proporción de su cartera que desea asignar a cada clase de activo en función de sus objetivos de inversión y tolerancia al riesgo. Por ejemplo, un inversor conservador podría asignar más a bonos, mientras que un inversor orientado al crecimiento podría centrarse en acciones.

**Reequilibrio periódico:** Con el tiempo, las fluctuaciones del mercado pueden cambiar su asignación de activos, provocando un desequilibrio. El reequilibrio implica vender activos con un rendimiento superior y reinvertir en aquellos con un rendimiento inferior para restaurar su asignación de activos original. Este proceso garantiza que su cartera se mantenga alineada con su tolerancia al riesgo y su estrategia de inversión.

**Frecuencia de reequilibrio:** Reequilibre su cartera periódicamente, por ejemplo anualmente o semestralmente, para mantener la asignación de activos deseada. Reequilibrar con demasiada frecuencia puede generar costos comerciales excesivos, mientras que reequilibrar con poca frecuencia puede resultar en una cartera desequilibrada.

# USO DE FONDOS ÍNDICE Y ETFS PARA UNA DIVERSIFICACIÓN SIMPLIFICADA

Los fondos indexados y los fondos cotizados en bolsa (ETF) son vehículos de inversión populares para lograr una amplia diversificación y reducir costos. Así es como se pueden utilizar para simplificar la diversificación:

**Beneficios de los fondos indexados y los ETF:** Los fondos indexados y los ETF rastrean índices de mercado específicos, brindando una amplia exposición a diversas clases de activos y sectores. Ofrecen ratios de gastos bajos, lo que los convierte en opciones rentables para la diversificación.

**Simplificando la diversificación:** Los fondos indexados y los ETF le permiten diversificar su cartera sin tener que seleccionar acciones o bonos individuales. Por ejemplo, invertir en un fondo indexado S&P 500 le brinda exposición a 500 acciones estadounidenses de gran capitalización, mientras que un fondo indexado de bonos ofrece una combinación diversa de bonos gubernamentales y corporativos.

**Uso de ETF para la diversificación del sector:** Los ETF se pueden utilizar para ganar exposición a sectores o temas específicos, lo que le permite diversificarse dentro de las clases de activos. Por ejemplo, puede invertir en ETF de tecnología, atención médica o energía para lograr la diversificación del sector.

**Reducción de costos con fondos indexados:** Los fondos indexados generalmente tienen tarifas de gestión más bajas que los fondos gestionados activamente. Esta ventaja de costos le permite invertir más dinero y potencialmente lograr mayores retornos con el tiempo.

**Combinación de fondos indexados y ETF:** Una cartera que combine fondos indexados y ETF puede lograr una amplia diversificación con costos más bajos. Considere la posibilidad de utilizar fondos indexados para una exposición amplia al mercado y ETF para inversiones temáticas o de sectores específicos.

Al utilizar estas estrategias, puede construir una cartera bien diversificada, mantener una asignación de activos equilibrada y simplificar el proceso de reequilibrio a través de fondos indexados y ETF. Este enfoque ayuda a gestionar el riesgo y sienta las bases para el éxito de las inversiones a largo plazo.

---

## LECCIONES CLAVE

- ☐ Crear una cartera diversificada es esencial para reducir el riesgo.
- ☐ La asignación de activos y el reequilibrio son elementos clave de la construcción de una cartera.
- ☐ Los fondos indexados y los ETF ofrecen una diversificación simplificada.

### Preguntas

1. ¿Cuáles son los pasos para construir una cartera diversificada?

2. ¿Cómo ayuda el reequilibrio a mantener una cartera equilibrada?

### Respuestas

1. Para crear una cartera diversificada, comience por determinar su tolerancia al riesgo, elija una combinación de vehículos de inversión, asigne activos entre diferentes clases y diversifique dentro de cada clase (por ejemplo, diferentes industrias para las acciones).

2. El reequilibrio implica ajustar la asignación de activos de su cartera para mantener el equilibrio deseado, generalmente vendiendo activos que han crecido demasiado y reinvirtiendo en aquellos de bajo rendimiento.

# 7. ANÁLISIS DE INVERSIONES

## ANÁLISIS FUNDAMENTAL: ESTADOS FINANCIEROS, RATIOS Y MÉTRICAS

*El análisis fundamental implica evaluar el valor intrínseco de una inversión examinando los estados financieros, los índices clave y otras métricas. Este método se utiliza a menudo para evaluar acciones, pero puede aplicarse a otros activos como los bonos. A continuación se ofrece una introducción al análisis fundamental y los componentes clave a considerar:*

## ESTADOS FINANCIEROS

**Estado de resultados:** *Muestra los ingresos, gastos y ganancias de una empresa durante un período específico. Ayuda a determinar la rentabilidad y las tendencias de crecimiento.*

**Hoja de balance:** *Detalla los activos, pasivos y capital contable de una empresa. Proporciona información sobre la salud financiera y la estructura de capital.*

**Estado de flujo de caja:** Describe las entradas y salidas de efectivo, indicando la capacidad de una empresa para generar efectivo y financiar operaciones.

## RELACIONES Y MÉTRICAS CLAVE

**Relación precio-beneficio (P/E):** Compara el precio de las acciones de una empresa con sus ganancias por acción. Una relación P/E alta podría sugerir sobrevaluación, mientras que una relación P/E baja podría indicar subvaluación.

**Relación precio-libro (P/B):** Compara el precio de las acciones de una empresa con su valor en libros (activos menos pasivos). Ayuda a evaluar si una acción se cotiza con prima o descuento.

**Rentabilidad sobre el capital (ROE):** Mide la rentabilidad de una empresa en relación con el capital contable. Un ROE más alto indica un uso eficiente del capital social.

**Coeficiente de endeudamiento:** Evalúa el apalancamiento de una empresa comparando la deuda total con el capital contable. Un índice alto indica un alto apalancamiento, lo que puede aumentar el riesgo.

**Ganancias por acción (EPS):** Indica la rentabilidad de una empresa por acción. Un EPS en aumento sugiere ganancias crecientes.

## FACTORES CUALITATIVOS

Además del análisis numérico, considere factores cualitativos como la calidad de la gestión, la ventaja competitiva y las tendencias de la industria. Estos elementos pueden influir en las perspectivas a largo plazo de una empresa.

## ANÁLISIS TÉCNICO: GRÁFICOS E INDICADORES

El análisis técnico examina los movimientos de precios, el volumen de operaciones y los patrones de gráficos para predecir tendencias futuras de precios. Los comerciantes lo utilizan a menudo para tomar decisiones de inversión a corto plazo. A continuación se ofrece una introducción al análisis técnico y algunos conceptos clave:

## TIPOS DE GRÁFICOS

**Gráficos de líneas:** Gráficos simples que conectan los precios de cierre durante un período específico.

Proporcionan una visión general de las tendencias de precios.

**Gráfica de barras:** Muestra los precios de apertura, cierre, máximo y mínimo de cada sesión de negociación, proporcionando información más detallada.

**Gráficos de velas japonesas:** Similar a los gráficos de barras pero con elementos visuales adicionales para resaltar movimientos y patrones de precios.

## INDICADORES TÉCNICOS CLAVE

**Medias móviles:** Calcula el precio medio durante un período específico, suavizando las fluctuaciones. Los tipos comunes son las medias móviles simples (SMA) y las medias móviles exponenciales (EMA).

**Índice de fuerza relativa (RSI):** Mide el impulso de los precios en una escala de 0 a 100. Un RSI por encima de 70 sugiere condiciones de sobrecompra, mientras que por debajo de 30 indica condiciones de sobreventa.

**MACD (Divergencia de convergencia de media móvil):** Un indicador de seguimiento de tendencias que muestra la relación entre dos medias móviles. Puede indicar cambios de tendencia y cambios de impulso.

**Bandas de Bollinger:** Consta de una media móvil y dos bandas de desviación estándar. Las Bandas de Bollinger indican volatilidad de precios y posibles puntos de ruptura.

## PATRONES DE GRÁFICOS

Niveles de soporte y resistencia: puntos en un gráfico donde los precios tienden a invertir la dirección. Los niveles de soporte evitan que los precios sigan cayendo, mientras que los niveles de resistencia evitan que los precios suban.

**Patrones comunes:** Patrones como cabeza y hombros, doble techo y banderas pueden indicar cambios o continuaciones de tendencias.

## HERRAMIENTAS Y RECURSOS PARA EL ANÁLISIS DE INVERSIONES

El análisis de inversiones requiere las herramientas y recursos adecuados para realizar análisis fundamentales y técnicos de forma eficaz. **Aquí hay una lista de herramientas y recursos útiles para ayudar en el análisis de inversiones:**

**Sitios web de noticias financieras**: Plataformas como Yahoo Finance, CNBC y Bloomberg ofrecen noticias, análisis y datos de mercado para mantenerlo informado.

**Herramientas de selección de acciones**: Herramientas como Finviz y Morningstar le ayudan a evaluar las acciones en función de diversos criterios, incluidos los ratios financieros y los sectores industriales.

**Software de gráficos**: Programas como TradingView y MetaTrader proporcionan funciones de gráficos avanzadas para análisis técnico.

**Software financiero**: Plataformas como Quicken y Mint lo ayudan a administrar su cartera de inversiones y realizar un seguimiento del rendimiento.

**Libros de inversiones**: Considere libros como "El inversor inteligente" de Benjamin Graham para el análisis fundamental y "Análisis técnico de los mercados financieros" de John Murphy para el análisis técnico.

**Cursos de inversión y seminarios web:** Los cursos y seminarios web en línea ofrecen educación en profundidad sobre análisis de inversiones, desde niveles principiantes hasta avanzados.

**Asesores y Expertos Financieros:** Consulte con asesores financieros o expertos para obtener asesoramiento y orientación de inversión personalizados.

Al utilizar estas herramientas y recursos, puede realizar análisis de inversión exhaustivos, tomar decisiones informadas y construir una base sólida para una inversión exitosa.

---

## LECCIONES CLAVE

- ☐ El análisis fundamental y técnico son herramientas importantes para evaluar las inversiones.
- ☐ Los estados financieros, los índices y las métricas son clave para el análisis fundamental.
- ☐ El análisis técnico utiliza gráficos e indicadores para identificar tendencias.

## Preguntas

1. ¿Qué es el análisis fundamental y qué implica?

2. ¿Cuáles son algunas herramientas comunes utilizadas en el análisis técnico?

**Respuestas**

1. El análisis fundamental implica evaluar la salud y el desempeño financiero de una empresa mediante el análisis de estados financieros, índices y métricas como el índice P/E, el crecimiento de los ingresos y los márgenes de beneficio.

2. Las herramientas de análisis técnico comunes incluyen promedios móviles, líneas de tendencia, RSI (índice de fuerza relativa) y MACD (media móvil de convergencia y divergencia). Estos ayudan a identificar tendencias y posibles puntos de entrada y salida de inversiones.

# 8. GESTIÓN DE CARTERA

## REVISIÓN Y REEQUILIBRIO PERIÓDICO DE LA CARTERA

*Las revisiones periódicas de la cartera son esenciales para garantizar que sus inversiones se alineen con sus objetivos, tolerancia al riesgo y condiciones del mercado. El reequilibrio ayuda a mantener la asignación de activos deseada, evitando que su cartera se vuelva demasiado arriesgada o demasiado conservadora. He aquí por qué las revisiones periódicas y el reequilibrio son cruciales, junto con los pasos involucrados:*

**¿Por qué revisar su cartera? Las revisiones periódicas de la cartera le permiten:**

**Rendimiento de la pista:** *Evalúe qué tan bien se están desempeñando sus inversiones en comparación con puntos de referencia y objetivos personales.*

**Identificar cambios:** Detecte cualquier cambio en la asignación de activos debido a movimientos del mercado o cambios en su situación financiera.

**Ajustar estrategia:** Realice los ajustes necesarios a su estrategia de inversión para mantenerla alineada con sus objetivos y tolerancia al riesgo.

## PASOS PARA LA REVISIÓN DE LA CARTERA

**1. Verifique la asignación de activos:** Asegúrese de que la asignación de activos de su cartera coincida con su plan de inversión. Si la asignación ha variado, considere reequilibrarla.

**2. Evaluar el desempeño:** Compare el rendimiento de sus inversiones con índices de referencia relevantes, como el S&P 500 para acciones o el índice Bloomberg Barclays U.S. Aggregate Bond para bonos.

**3. Identifique los activos de bajo rendimiento:** Determine si algún activo tiene constantemente un rendimiento inferior y considere reemplazarlo con opciones de mejor rendimiento.

**4. Evaluar la exposición al riesgo:** Revise el nivel de riesgo de su cartera para asegurarse de que se alinee con su tolerancia al riesgo.

## REEQUILIBRIO

**¿Por qué reequilibrar?** El reequilibrio ayuda a mantener la asignación de activos deseada y reduce el riesgo de sobreexposición a activos específicos.

**¿Cuándo reequilibrar?** Reequilibre a intervalos regulares (por ejemplo, anualmente o semestralmente) o cuando su asignación de activos se desvíe por un margen significativo (por ejemplo, entre un 5% y un 10%).

**¿Cómo reequilibrar?** Venda activos que hayan tenido un rendimiento superior para volver a alinearlos con su asignación objetivo y reinvierta en activos de bajo rendimiento para restablecer el equilibrio.

# ADAPTACIÓN DE LAS ESTRATEGIAS DE INVERSIÓN A LO LARGO DEL TIEMPO

Las estrategias de inversión deben adaptarse a las condiciones cambiantes del mercado, las circunstancias personales y los objetivos financieros. A continuación le indicamos cómo ajustar su estrategia de inversión con el tiempo:

**Monitorear las tendencias del mercado:** Manténgase informado sobre las tendencias del mercado, indicadores económicos y eventos globales que podrían afectar sus inversiones. Esta conciencia le ayuda a adaptar su estrategia a las condiciones cambiantes.

**Ajuste para los acontecimientos de la vida:** Los acontecimientos importantes de la vida, como el matrimonio, tener hijos o la jubilación, pueden afectar sus objetivos financieros y su tolerancia al riesgo. Adapte su estrategia de inversión para reflejar estos cambios.

**Considere el horizonte temporal:** A medida que se acerque a hitos financieros importantes (por ejemplo, la jubilación), ajuste su asignación de activos para reducir el riesgo y aumentar la estabilidad.

**Reevaluar la tolerancia al riesgo:** *Evalúe periódicamente su tolerancia al riesgo para asegurarse de que se alinee con sus circunstancias actuales y objetivos futuros.*

**Explore nuevas oportunidades de inversión:** A medida que crezca su conocimiento sobre inversiones, considere explorar nuevos vehículos o estrategias de inversión para diversificar su cartera.

## AFRONTAR LA VOLATILIDAD DEL MERCADO Y LOS CAMBIOS ECONÓMICOS

La volatilidad del mercado y los cambios económicos pueden crear incertidumbre para los inversores. **A continuación se presentan estrategias para gestionar la volatilidad del mercado y adaptarse a los cambios económicos:**

**Mantenga una cartera diversificada:** La diversificación ayuda a reducir el impacto de la volatilidad del mercado al distribuir el riesgo entre diferentes clases de activos y sectores.

**Centrarse en objetivos a largo plazo**: Evite tomar decisiones impulsivas basadas en fluctuaciones del mercado a corto plazo. Tenga en cuenta sus objetivos financieros a largo plazo para mantenerse concentrado durante períodos de volatilidad.

**Utilice inversiones defensivas**: Considere agregar a su cartera inversiones defensivas, como bonos o acciones que pagan dividendos. Estos activos tienden a ser más estables durante las crisis del mercado.

**Mantenga reservas de efectivo**: Mantenga una parte de su cartera en efectivo o equivalentes de efectivo para brindar liquidez y flexibilidad durante tiempos turbulentos.

**Manténgase disciplinado**: Evite la inversión emocional y cumpla con su estrategia de inversión. Revise sus objetivos financieros para mantenerse firme.

**Monitorear los indicadores económicos**: Esté atento a los indicadores económicos, como el crecimiento del PIB, la inflación y las tasas de interés. Esta información le ayuda a anticipar los cambios económicos y ajustar su cartera en consecuencia.

**Busque asesoramiento profesional:** Consulte con un asesor financiero o profesional de inversiones para obtener orientación personalizada durante períodos de volatilidad del mercado o incertidumbre económica.

Al implementar estas estrategias, podrá gestionar su cartera de forma eficaz, adaptarse a las condiciones cambiantes y afrontar la volatilidad del mercado con confianza.

## LECCIONES CLAVE

- ☐ La revisión y el reequilibrio periódicos de la cartera son cruciales para mantener una cartera exitosa.
- ☐ Las estrategias de inversión deben adaptarse con el tiempo para cumplir con los objetivos y las condiciones del mercado cambiantes.
- ☐ Gestionar la volatilidad del mercado y los cambios económicos es clave para el éxito a largo plazo.

## Preguntas

1. ¿Por qué es importante la revisión periódica de la cartera?

2. ¿Cómo puede gestionar la volatilidad del mercado en su cartera?

## Respuestas

1. La revisión periódica de la cartera garantiza que sus inversiones se alineen con sus objetivos y tolerancia al riesgo. Ayuda a identificar si es necesario un reequilibrio y si se requieren ajustes debido a cambios en las condiciones del mercado.

2. Para gestionar la volatilidad del mercado, mantenga una cartera diversificada, céntrese en objetivos a largo plazo y evite decisiones emocionales durante las fluctuaciones del mercado. Considere la posibilidad de utilizar estrategias como órdenes de limitación de pérdidas o cobertura para protegerse contra pérdidas importantes.

# 9. FINANZAS DEL COMPORTAMIENTO

*Las finanzas conductuales exploran cómo los sesgos emocionales y cognitivos afectan el comportamiento de los inversores, lo que a menudo conduce a decisiones de inversión subóptimas. Comprender estos sesgos y aprender cómo superarlos es crucial para el éxito de la inversión a largo plazo.*

## ENTENDIENDO LOS SESGOS EMOCIONALES Y COGNITIVOS

*Los inversores suelen tomar decisiones basadas en emociones o atajos cognitivos, lo que puede conducir a errores. A continuación se muestran algunos sesgos comunes que afectan el comportamiento de los inversores:*

**Sesgo de exceso de confianza:** *La tendencia a sobreestimar los propios conocimientos o capacidades predictivas. Los inversores demasiado confiados pueden asumir riesgos excesivos, lo que genera pérdidas importantes.*

**Sesgo de confirmación:** *La tendencia a buscar información que confirme las creencias existentes* ignorando la evidencia que las contradice. Esto puede conducir a decisiones de inversión erróneas.

**Mentalidad popular:** La tendencia a seguir las acciones de un grupo más grande. Esto puede resultar en comprar caro y vender barato, ya que los inversores siguen las tendencias del mercado sin una evaluación crítica.

**Aversión a las pérdidas**: La tendencia a preferir evitar pérdidas a adquirir ganancias. Este sesgo puede llevar a retener inversiones perdedoras durante demasiado tiempo o a vender inversiones ganadoras demasiado pronto.

**Sesgo de anclaje:** La tendencia a confiar demasiado en la información inicial al tomar decisiones. Los inversores pueden obsesionarse con un precio o dato específico, lo que afecta su juicio.

**Sesgo de disponibilidad:** La tendencia a confiar en información fácilmente disponible al tomar decisiones. Esto puede llevar a ignorar tendencias más amplias o a poner demasiado énfasis en acontecimientos recientes.

# ESTRATEGIAS PARA MANTENERSE DISCIPLINADO

Para combatir los sesgos emocionales y cognitivos, los inversores deben mantener la disciplina y ceñirse a sus estrategias de inversión. **Aquí hay algunas estrategias efectivas para mantenerse disciplinado:**

**Desarrolle un plan de inversión claro:** Cree un plan de inversión estructurado con objetivos específicos, asignación de activos y reglas de reequilibrio. Un plan bien definido ayuda a guiar las decisiones de inversión y reduce el impacto de las reacciones emocionales.

**Centrarse en objetivos a largo plazo:** Tenga en cuenta sus objetivos financieros a largo plazo para evitar tomar decisiones impulsivas basadas en las fluctuaciones del mercado a corto plazo.

**Automatizar decisiones de inversión:** Considere la posibilidad de utilizar herramientas de inversión automatizadas o robo-advisors para gestionar su cartera. La automatización ayuda a reducir el impacto de la inversión emocional.

**Revisiones periódicas de cartera**: Programe revisiones periódicas de la cartera para realizar un seguimiento del rendimiento y realizar ajustes según su plan de inversión. Esta rutina ayuda a mantener la disciplina.

**Busque perspectivas diversas**: Consulte con asesores financieros o fuentes confiables para obtener una perspectiva más amplia. Esto ayuda a desafiar sus prejuicios y confirmar sus decisiones.

**Monitoreo del mercado de límites**: Un seguimiento excesivo de las noticias del mercado puede provocar reacciones emocionales. Limite su seguimiento del mercado para evitar estrés y ansiedad innecesarios.

**Mantener reservas de efectivo adecuadas**: Tener reservas de efectivo reduce la necesidad de vender inversiones durante las recesiones, lo que le permite mantenerse disciplinado durante períodos volátiles.

# ERRORES COMUNES QUE DEBEN EVITAR LOS INVERSORES

Los inversores suelen cometer errores que pueden socavar el éxito de sus inversiones. **Aquí hay una lista de errores comunes y consejos para evitarlos:**

**Persiguiendo el rendimiento:** Los inversores pueden perseguir acciones o fondos de alto rendimiento, lo que lleva a comprar caro y vender barato. Céntrese en una cartera diversificada y evite seguir tendencias sin análisis.

**Sobrecomercio:** El comercio frecuente aumenta los costos y los impuestos, lo que reduce la rentabilidad general. Cumpla con su plan de inversión y evite operaciones innecesarias.

**Ignorando la diversificación:** La falta de diversificación aumenta el riesgo. Cree una cartera diversificada en clases de activos, industrias y regiones geográficas.

**Sincronizando el mercado:** Intentar cronometrar los movimientos del mercado a menudo conduce a malos resultados. Concéntrese en objetivos a largo plazo y evite el timing del mercado.

**Inversión emocional:** Tomar decisiones basadas en las emociones en lugar de en la lógica puede llevar a errores costosos. Utilice estrategias para mantenerse disciplinado y reducir la inversión emocional.

**Subestimar el riesgo:** Pasar por alto los riesgos asociados con ciertas inversiones puede resultar en pérdidas significativas. Comprender el perfil de riesgo de cada inversión y mantener una cartera equilibrada.

**Descuidar el reequilibrio:** No reequilibrar su cartera puede provocar una asignación de activos desequilibrada. Reequilibre periódicamente para mantener el nivel de riesgo deseado.

Al comprender estos sesgos, implementar estrategias de disciplina y evitar errores comunes de los inversores, podrá tomar decisiones más informadas y lograr el éxito de sus inversiones a largo plazo.

# LECCIONES CLAVE

☐ Los sesgos emocionales y cognitivos pueden afectar las decisiones de inversión.

☐ Mantener la disciplina y evitar los errores comunes de los inversores es fundamental.

☐ Comprender las finanzas conductuales ayuda a gestionar las emociones durante la inversión.

**Preguntas**

1. ¿Cuáles son algunos sesgos emocionales y cognitivos comunes al invertir?

2. ¿Qué estrategias pueden ayudarle a mantener la disciplina en su enfoque de inversión?

**Respuestas**

1. Los sesgos comunes incluyen la aversión a las pérdidas (preferir evitar pérdidas en lugar de lograr ganancias), el exceso de confianza y la mentalidad de rebaño (seguir a la multitud). Esto puede conducir a malas decisiones de inversión.

2. Para mantenerse disciplinado, establezca objetivos de inversión claros, cree un plan de inversión por escrito y evite reaccionar a las fluctuaciones del mercado a corto plazo. Además, mantenga una perspectiva a largo plazo y busque asesoramiento profesional cuando sea necesario.

# 10. IMPLICACIONES TRIBUTARIAS Y CONSIDERACIONES LEGALES

*Las inversiones conllevan diversas implicaciones fiscales y requisitos legales. Comprender estos factores le ayudará a optimizar la rentabilidad y cumplir con las normativas. Exploremos los conceptos básicos de los impuestos a las inversiones, las cuentas con ventajas fiscales y las consideraciones legales.*

## VISIÓN GENERAL DE LA TRIBUTACIÓN SOBRE LAS INVERSIONES

Los impuestos a las inversiones pueden afectar significativamente sus rendimientos. A continuación se ofrece un resumen de los conceptos básicos y los diferentes tratamientos fiscales para varios tipos de inversión:

**Impuesto sobre las ganancias de capital:** *Las ganancias de capital ocurren cuando vende una inversión por más de lo que pagó. Hay dos tipos de ganancias de capital:*

**Ganancias de capital a corto plazo:** *Las ganancias de inversiones mantenidas durante menos de un año* generalmente se gravan a la tasa impositiva sobre la renta ordinaria.

**Ganancias de capital a largo plazo**: Las ganancias de inversiones mantenidas durante más de un año se gravan a tasas más bajas, que varían según su nivel de ingresos.

**Impuestos sobre dividendos**: Los dividendos son pagos que realizan las empresas a los accionistas. Se gravan de forma diferente según el tipo:

**Dividendos calificados**: Se gravan a tasas de ganancias de capital a largo plazo si cumplen con requisitos específicos (por ejemplo, período de tenencia, pagado por una empresa estadounidense o extranjera calificada).

**Dividendos Ordinarios**: Se gravan a su tasa impositiva ordinaria sobre la renta si no cumplen con los criterios para dividendos calificados.

**Ingresos por intereses:** Los intereses obtenidos de bonos, cuentas de ahorro u otras inversiones de renta fija generalmente se gravan a la tasa impositiva sobre la renta ordinaria.

## Gastos de Inversión Deducibles de Impuestos:

Algunos gastos relacionados con inversiones, como los honorarios de los asesores financieros, pueden ser deducibles a efectos fiscales. Consulte con un profesional de impuestos para obtener pautas específicas.

## Compensación de ganancias de capital con pérdidas:

Puede utilizar pérdidas de capital para compensar ganancias de capital, reduciendo su ingreso imponible. Si las pérdidas superan las ganancias, puede trasladarlas a años fiscales futuros.

## CUENTAS CON VENTAJAS TRIBUTARIAS (P. ej., IRAS, 401(K)S)

Las cuentas con ventajas fiscales ofrecen oportunidades para minimizar los impuestos y maximizar los rendimientos. **A continuación se ofrece una descripción general de las cuentas comunes con ventajas fiscales.:**

**Cuentas de jubilación individuales (IRA):** Las IRA están diseñadas para ahorros para la jubilación. Hay dos tipos principales:

**IRA tradicional:** Las contribuciones suelen ser deducibles de impuestos y las ganancias por inversiones aumentan con impuestos diferidos. Los retiros durante la jubilación tributan como ingresos ordinarios.

**Cuenta IRA Roth:** Las contribuciones se hacen con dólares después de impuestos, pero las ganancias de las inversiones crecen libres de impuestos y los retiros calificados están libres de impuestos.

**Planes 401(k):** Planes de jubilación patrocinados por el empleador que permiten a los empleados contribuir con ingresos antes de impuestos. Las contribuciones y las ganancias de inversiones crecen con impuestos diferidos, y los retiros durante la jubilación se gravan como ingresos ordinarios.

**Planes 403(b):** Similar a los planes 401(k), pero diseñado para empleados de organizaciones sin fines de lucro, escuelas y otras instituciones públicas.

**Cuentas de ahorro para la salud (HSA):** *Cuentas para gastos médicos con beneficios fiscales. Las contribuciones son deducibles de impuestos, las ganancias crecen libres de impuestos y los retiros calificados para gastos médicos también están libres de impuestos.*

Estas cuentas con ventajas fiscales brindan beneficios significativos para el crecimiento de la inversión a largo plazo. Al utilizarlos estratégicamente, puede optimizar el rendimiento de su inversión y reducir su carga fiscal.

## CUMPLIMIENTO LEGAL Y NORMATIVA

La inversión conlleva cumplimiento legal y consideraciones regulatorias. Esto es lo que debe tener en cuenta:

**Regulaciones de Valores:** *Las actividades de inversión se rigen por diversas leyes y regulaciones, como la Ley de Valores de 1933 y la Ley de Bolsa de Valores de 1934. Estas leyes garantizan la transparencia, protegen a los inversores y previenen el fraude.*

**Cumplimiento de las Leyes Tributarias**: Velar por el cumplimiento de las leyes y regulaciones tributarias relacionadas con la tributación de inversiones. Esto incluye informes precisos de ganancias de capital, dividendos y otros ingresos por inversiones.

**Uso de información privilegiada y manipulación del mercado**: El uso de información privilegiada (utilizar información no pública para realizar transacciones) y la manipulación del mercado (manipular los precios de las acciones) son ilegales y están sujetos a sanciones severas.

**Autoridades regulatorias**: La Comisión de Bolsa y Valores (SEC) y la Autoridad Reguladora de la Industria Financiera (FINRA) son organismos reguladores clave que supervisan las actividades de inversión. Familiarícese con sus pautas y regulaciones.

**Reglamento del Asesor de Inversiones**: Si trabaja con un asesor financiero, asegúrese de que esté registrado ante las autoridades reguladoras correspondientes y cumpla con los estándares fiduciarios.

**Protecciones a los inversores:** Comprenda sus derechos como inversionista y las protecciones brindadas por los organismos reguladores. Esto incluye saber dónde denunciar prácticas de inversión fraudulentas o poco éticas.

Al comprender estas implicaciones fiscales y consideraciones legales, podrá tomar decisiones de inversión informadas, optimizar sus retornos y garantizar el cumplimiento de las regulaciones pertinentes. Consulte siempre con un profesional fiscal o un asesor legal para obtener asesoramiento personalizado.

---

## LECCIONES CLAVE

- ☐ Comprender los impuestos a las inversiones le ayuda a gestionar su cartera de forma más eficaz.
- ☐ Las cuentas con ventajas fiscales, como las IRA y los 401(k), ofrecen beneficios a los inversores.
- ☐ El cumplimiento legal y las regulaciones son importantes para evitar problemas con las inversiones.

## Preguntas

1. ¿Cuáles son algunas implicaciones fiscales comunes para las inversiones?

2. ¿Cómo pueden beneficiar a los inversores las cuentas con ventajas fiscales?

## Respuestas

1. Las implicaciones fiscales comunes incluyen el impuesto a las ganancias de capital, el impuesto a los dividendos y el impuesto a los ingresos por intereses. Las ganancias de capital a largo plazo generalmente se gravan a tasas más bajas, mientras que las ganancias a corto plazo se gravan a tasas más altas.

2. Las cuentas con ventajas fiscales, como las IRA y 401(k), ofrecen beneficios fiscales, lo que le permite invertir dinero antes de impuestos o diferir impuestos hasta la jubilación. Estas cuentas ayudan a reducir las obligaciones fiscales actuales y fomentan la inversión a largo plazo.

# PARTE 4: TEMAS Y RECURSOS AVANZADOS

# 11. CONCEPTOS AVANZADOS DE INVERSIÓN

## INTRODUCCIÓN A DERIVADOS, OPCIONES Y FUTUROS

Los derivados, opciones y futuros son instrumentos financieros complejos derivados de activos subyacentes como acciones, bonos o materias primas. Ofrecen oportunidades únicas pero también conllevan riesgos importantes. A continuación se ofrece una breve introducción a estos conceptos:

**Derivados:** Instrumentos financieros que derivan su valor de un activo, índice o tasa subyacente. A menudo se utilizan para cubrir riesgos o especular sobre movimientos de precios. Los tipos comunes de derivados incluyen opciones, futuros, swaps y forwards.

**Opciones:** Contratos que dan al tenedor el derecho, pero no la obligación, de comprar o vender un activo a un precio predeterminado dentro de un plazo específico. Las opciones se pueden utilizar para cubrir riesgos o especular sobre movimientos de precios.

**Opciones de llamada:** Otorgar al titular el derecho de comprar un activo a un precio específico en una fecha determinada. Los inversores utilizan opciones de compra para especular sobre aumentos de precios.

**Opciones de venta:** Otorgar al tenedor el derecho de vender un activo a un precio específico en una fecha determinada. Los inversores utilizan opciones de venta para protegerse contra caídas de precios o especular sobre tendencias a la baja.

**Futuros:** Contratos para comprar o vender un activo a un precio predeterminado en una fecha futura. Los futuros están estandarizados y negociados en bolsas. Se utilizan comúnmente en productos básicos y mercados financieros.

**Usos:** Los inversores utilizan futuros para protegerse contra las fluctuaciones de los precios de las materias primas o especular sobre las tendencias del mercado.

**Riesgos:** Los futuros conllevan un apalancamiento significativo, lo que amplifica las ganancias y pérdidas. Esto las hace más riesgosas que las inversiones tradicionales.

## EXPLORANDO LOS FONDOS DE COBERTURA Y EL CAPITAL PRIVADO

Los fondos de cobertura y el capital privado representan vehículos de inversión alternativos que se diferencian de las inversiones tradicionales. Ofrecen estrategias únicas y altos rendimientos, pero generalmente son más riesgosos y menos regulados. Esto es lo que necesita saber sobre estos conceptos:

**Los fondos de cobertura:** Fondos de inversión que utilizan diversas estrategias, incluidas posiciones largas y cortas, apalancamiento y derivados, para generar altos rendimientos. Los fondos de cobertura a menudo atienden a individuos e inversores institucionales de alto patrimonio neto.

**Estrategias:** Los fondos de cobertura utilizan diversas estrategias para maximizar la rentabilidad, como las macro globales, neutrales al mercado y basadas en eventos.

**Riesgos:** Los fondos de cobertura suelen conllevar un mayor riesgo debido al apalancamiento y las estrategias especulativas. Están sujetos a menos regulación, lo que los hace más riesgosos para los inversores individuales.

**Capital privado:** Fondos de inversión que invierten en empresas privadas o compran empresas públicas para privatizarlas. Las empresas de capital privado tienen como objetivo mejorar el desempeño de la empresa y, finalmente, venderla para obtener ganancias.

**Horizonte de inversión:** Las inversiones de capital privado tienen un horizonte de más largo plazo y a menudo requieren varios años para que se materialicen los rendimientos.

**Riesgos:** *El capital privado implica un capital significativo y puede ser muy ilíquido. La falta de supervisión pública también puede aumentar los riesgos.*

## INVERSIÓN INTERNACIONAL Y RIESGOS MONETARIOS

*La inversión internacional implica invertir en mercados extranjeros, proporcionando diversificación y exposición al crecimiento global. Sin embargo, conlleva riesgos únicos, incluidas las fluctuaciones monetarias y la incertidumbre geopolítica. A continuación se ofrece una descripción general de la inversión internacional y los riesgos asociados:*

## BENEFICIOS DE LA INVERSIÓN INTERNACIONAL

**Diversificación:** *Invertir en mercados extranjeros reduce el riesgo al distribuir las inversiones entre diferentes economías e industrias.*

**Exposición al crecimiento global:** *La inversión internacional le permite capitalizar el crecimiento en los mercados emergentes y otras regiones globales.*

**Diversificación de divisas:** Invertir en activos denominados en monedas extranjeras diversifica su exposición cambiaria.

**Riesgos cambiarios:** Las fluctuaciones monetarias pueden afectar los rendimientos de las inversiones internacionales. **Esto es lo que debe saber sobre los riesgos cambiarios:**

**Movimientos del tipo de cambio:** Los cambios en los tipos de cambio pueden afectar el valor de las inversiones internacionales. Un dólar estadounidense más fuerte puede reducir los rendimientos de los activos extranjeros, mientras que un dólar más débil puede aumentar los rendimientos.

**Cobertura del riesgo cambiario:** Los inversores pueden utilizar derivados cambiarios o invertir en fondos de cobertura cambiaria para gestionar el riesgo cambiario.

**Riesgos geopolíticos:** La inversión internacional está sujeta a eventos geopolíticos, como inestabilidad política, disputas comerciales y cambios regulatorios. Estos riesgos pueden afectar el valor de las inversiones internacionales.

### Investigación y debida diligencia:

Antes de invertir a nivel internacional, realice una investigación exhaustiva sobre la economía, la estabilidad política y el entorno regulatorio del país.

## VEHÍCULOS DE INVERSIÓN INTERNACIONAL

**Fondos mutuos internacionales y ETF:** Estos fondos brindan una amplia exposición a los mercados internacionales, lo que reduce la complejidad de la selección de acciones individuales.

**Recibos de depósito americanos (ADR):** Los ADR son valores negociados en Estados Unidos que representan acciones de empresas extranjeras. Ofrecen una forma de invertir en empresas internacionales a través de bolsas estadounidenses.

Al explorar estos conceptos de inversión avanzados y comprender sus riesgos y beneficios, podrá ampliar sus horizontes de inversión y diversificar su cartera con estrategias de inversión más sofisticadas.

# LECCIONES CLAVE

☐ Los derivados, opciones y futuros son instrumentos de inversión avanzados con riesgos y beneficios únicos.

☐ Los fondos de cobertura y el capital privado son inversiones alternativas con altos rendimientos pero mayor riesgo.

☐ La inversión internacional expone a los inversores a riesgos cambiarios y tendencias del mercado global.

## Preguntas

1. ¿Qué son los derivados y cómo se utilizan en las inversiones?

2. ¿Cuáles son algunos de los riesgos asociados con los fondos de cobertura y el capital privado?

Respuestas

1. Los derivados son contratos financieros que derivan su valor de un activo subyacente, como acciones o materias primas. Se utilizan con fines de cobertura, especulación o apalancamiento en la inversión.

2. Los fondos de cobertura y el capital privado conllevan mayores riesgos debido a su naturaleza especulativa y a su menor supervisión regulatoria. A menudo requieren un capital significativo y pueden tener menor liquidez en comparación con las inversiones tradicionales.

# 12. RECURSOS Y HERRAMIENTAS

*Para administrar y hacer crecer sus inversiones de manera efectiva, es útil tener acceso a recursos confiables, software financiero y asesoramiento de expertos. Este capítulo proporciona libros y sitios web recomendados para profundizar el aprendizaje, aplicaciones y software financieros populares para la gestión de carteras y consejos para encontrar asesores financieros confiables.*

## LIBROS Y SITIOS WEB RECOMENDADOS

*Los libros y sitios web ofrecen información valiosa sobre diversos temas de inversión. A continuación se muestran algunos recursos recomendados para un mayor aprendizaje y gestión de carteras:*

### LIBROS:

**"El inversor inteligente" de Benjamin Graham:** *Un libro clásico sobre inversión en valor que explora los principios para una inversión y una gestión de riesgos exitosas.*

**"Un paseo aleatorio por Wall Street" de Burton Malkiel:** Este libro examina la teoría del mercado eficiente y las estrategias de inversión pasiva.

**"Acciones ordinarias y beneficios poco comunes" de Philip Fisher:** Una guía para la inversión en crecimiento, centrada en un enfoque cualitativo para la selección de acciones.

**"Uno arriba en Wall Street" de Peter Lynch:** Lynch comparte su enfoque de inversión y ofrece consejos prácticos para inversores individuales.

## SITIOS WEB:

**Investopedia:** Un recurso completo de términos financieros, conceptos de inversión y artículos educativos sobre inversiones.

**Yahoo Finanzas:** Ofrece noticias financieras, datos del mercado de valores y herramientas de seguimiento de carteras.

**Estrella de la mañana:** Proporciona análisis de fondos mutuos y ETF, así como investigaciones y calificaciones de inversiones.

**Buscando Alfa:** Una plataforma impulsada por la comunidad con artículos y análisis de inversión realizados por expertos financieros e inversores individuales.

**CNBC:** Ofrece noticias financieras y actualizaciones del mercado, junto con información y análisis de inversiones.

## SOFTWARE Y APLICACIONES FINANCIERAS PARA LA GESTIÓN DE CARTERAS

Administrar su cartera de inversiones requiere organización y seguimiento. **A continuación se muestran algunos programas y aplicaciones financieros populares que pueden ayudar:**

**Acelerar:** Un completo software de finanzas personales que le permite realizar un seguimiento de las inversiones, los gastos y la elaboración de presupuestos.

**Como:** Una aplicación de gestión financiera y de presupuestos que incluye funciones de seguimiento de inversiones.

**Capital personal:** Una plataforma de gestión de carteras que proporciona seguimiento de inversiones, planificación de la jubilación y servicios de asesoramiento financiero.

**SigFig:** Una aplicación de gestión de carteras que ofrece seguimiento de inversiones, análisis de carteras y recomendaciones para reequilibrar.

**Gestor de cartera Morningstar:** Una herramienta para rastrear y analizar su cartera de inversiones, proporcionando informes detallados y métricas de rendimiento.

## CONSEJOS PARA ENCONTRAR ASESORES FINANCIEROS CONFIABLES

Encontrar un asesor financiero confiable es crucial para obtener asesoramiento y orientación de inversión personalizados. **A continuación se ofrecen consejos para** encontrar asesores confiables y qué buscar en un buen asesor:

**Busque Credenciales:** Busque asesores con credenciales reconocidas, como planificador financiero certificado (CFP) o analista financiero colegiado (CFA). Estas credenciales indican un alto nivel de experiencia y cumplimiento de estándares éticos.

**Verifique Registro y Licencias:** Asegúrese de que el asesor esté registrado ante las autoridades reguladoras correspondientes, como la Comisión de Bolsa y Valores (SEC) o la Autoridad Reguladora de la Industria Financiera (FINRA).

**Comprenda la estructura de compensación del asesor:** Descubra cómo se compensa al asesor, ya sea mediante honorarios, comisiones o una combinación. Los asesores que solo cobran suelen considerarse más transparentes e imparciales.

**Evaluar experiencia y conocimientos:** Considere la experiencia del asesor en la industria de inversiones y su experiencia en la gestión de carteras. Busque asesores que tengan un historial de éxito y experiencia trabajando con clientes similares a usted.

**Busque referencias y reseñas:** Solicite referencias de clientes actuales o anteriores y lea reseñas en línea para evaluar la reputación del asesor.

**Evaluar la comunicación y la transparencia:** Elija un asesor que se comunique con claridad y transparencia sobre su enfoque de inversión. Un buen asesor debe estar dispuesto a responder sus preguntas y explicarle conceptos de inversión.

**Garantizar la responsabilidad fiduciaria:** Confirme que el asesor tiene el deber fiduciario de actuar en su mejor interés. Los asesores fiduciarios están obligados legalmente a priorizar los intereses de sus clientes sobre los suyos propios.

**Programe una consulta:** Antes de comprometerse con un asesor, programe una consulta para analizar sus objetivos financieros, su estrategia de inversión y el enfoque del asesor. Esta reunión lo ayudará a determinar si el asesor es adecuado para usted.

Al utilizar estos recursos, software financiero y consejos para encontrar asesores financieros confiables, podrá tomar decisiones de inversión informadas, administrar su cartera de manera efectiva y alcanzar sus objetivos financieros.

---

## LECCIONES CLAVE

- Recursos y herramientas confiables son esenciales para gestionar las inversiones de manera eficaz.
- Los libros, sitios web y software recomendados pueden ayudar a realizar un seguimiento y analizar las inversiones.
- Encontrar un asesor financiero confiable es crucial para obtener orientación profesional.

### Preguntas

1. ¿Cuáles son algunos recursos útiles para aprender sobre inversiones?

2. ¿Qué factores debes considerar al elegir un asesor financiero?

## Respuestas

1. Los recursos útiles incluyen libros de inversión (como "The Intelligent Investor"), sitios web financieros (como Investopedia) y software/aplicaciones para seguimiento y análisis de carteras (como Personal Capital o Mint).

2. Al elegir un asesor financiero, considere sus credenciales, experiencia, estructura de tarifas y enfoque de inversión. Busque un asesor fiduciario que actúe en su mejor interés y se alinee con sus objetivos de inversión.

# 13. CONCLUSIÓN

## RESUMEN DE PUNTOS CLAVE

Al concluir esta guía completa sobre cómo administrar y hacer crecer sus inversiones, **Recapitulemos los puntos clave tratados en el libro y su importancia:**

**Comprensión de las inversiones:** Exploramos los conceptos básicos de las inversiones, incluidos los términos clave, los tipos de inversiones y sus perfiles de riesgo. Esta base es esencial para tomar decisiones informadas y comprender el papel de las inversiones en el logro de objetivos financieros.

**Estrategia de inversión:** Discutimos la importancia de tener una estrategia de inversión estructurada y cómo establecer objetivos financieros. También examinamos diferentes estilos de inversión y brindamos orientación sobre cómo crear un plan de inversión personalizado.

**Gestión de riesgos:** La gestión de riesgos es un aspecto crítico de una inversión exitosa. Exploramos riesgos de inversión comunes, estrategias de diversificación, técnicas de cobertura y el equilibrio entre riesgo y recompensa en una cartera.

**Construyendo una cartera diversificada:** Esta sección se centró en la construcción de una cartera diversificada, incluida la asignación de activos, el reequilibrio y los beneficios de utilizar fondos indexados y ETF para una diversificación simplificada.

**Análisis de inversiones:** Introducimos el análisis fundamental y técnico, explicando cómo evaluar inversiones utilizando ratios financieros, patrones de gráficos y otras herramientas. También enumeramos recursos útiles para realizar análisis de inversiones.

**Administrar y hacer crecer su cartera:** La gestión eficaz de la cartera implica revisiones periódicas, adaptar las estrategias a lo largo del tiempo y hacer frente a la volatilidad del mercado. Discutimos estrategias para mantener la disciplina, evitar errores comunes de los inversionistas y comprender las implicaciones fiscales y las consideraciones legales.

**Temas y recursos avanzados:** Esta sección cubrió conceptos de inversión avanzados, como derivados, opciones y futuros. También exploramos los fondos de cobertura, el capital privado y la inversión internacional. Además, proporcionamos libros, sitios web, software financiero y consejos recomendados para encontrar asesores financieros confiables.

## FOMENTO PARA EL ÉXITO CONTINUO DE LAS INVERSIONES

Invertir es un viaje que requiere paciencia, disciplina y aprendizaje continuo. A medida que avances, recuerda que el éxito no ocurre de la noche a la mañana. Manténgase enfocado en sus objetivos a largo plazo, mantenga una cartera diversificada y adáptese a las condiciones cambiantes del mercado.

Incluso cuando se enfrente a la volatilidad o los contratiempos del mercado, mantenga una mentalidad positiva y siga comprometido con su estrategia de inversión. La clave del éxito es la constancia, la disciplina y la voluntad de aprender de las experiencias. Recuerde, todo inversor exitoso ha enfrentado desafíos, pero los utiliza como oportunidades de crecimiento y mejora.

# RECURSOS ADICIONALES PARA EL APRENDIZAJE CONTINUO

El conocimiento sobre inversiones es un viaje continuo y siempre hay nuevos conocimientos que obtener. **Aquí encontrará recursos y plataformas adicionales donde puede continuar ampliando sus conocimientos sobre inversiones:**

**Blogs y boletines de inversión:** Suscríbase a blogs y boletines de inversión de buena reputación para recibir información periódica, actualizaciones del mercado e ideas de inversión.

**Cursos de inversión y seminarios web:** Inscríbase en cursos de inversión en línea o asista a seminarios web para profundizar su comprensión de temas de inversión específicos.

**Pódcasts financieros:** Escuche podcasts financieros que cubren una amplia gama de temas de inversión, desde principiantes hasta avanzados.

**Redes sociales y comunidades en línea:** Participe en cuentas de redes sociales y comunidades en línea relacionadas con inversiones para interactuar con otros inversores y compartir conocimientos.

**Asociaciones y Clubes de Inversión:** Únase a asociaciones o clubes de inversión para establecer contactos con otros inversores y aprender de profesionales experimentados.

Al utilizar estos recursos adicionales, puede continuar mejorando sus habilidades de inversión, mantenerse actualizado sobre las tendencias del mercado y construir una base sólida para el éxito continuo de las inversiones. Recuerde, invertir con éxito es un viaje, no un destino, así que acepte el proceso y disfrute la experiencia de aprendizaje.

---

## LECCIONES CLAVE

☐ El éxito de la inversión requiere conocimiento, disciplina y una perspectiva a largo plazo.

☐ El aprendizaje continuo y la adaptación a los cambios del mercado son clave para el crecimiento.

☐ Este libro proporciona una base, pero son valiosos estudios adicionales y asesoramiento profesional.

### Preguntas

1. ¿Cuáles son algunos factores clave para el éxito de las inversiones a largo plazo?

2. ¿Cómo puedes seguir aprendiendo y creciendo como inversor?

### Respuestas

1. Los factores clave para el éxito a largo plazo incluyen la diversificación, la gestión de riesgos, las revisiones periódicas de la cartera y la inversión disciplinada. Centrarse en objetivos a largo plazo y evitar decisiones emocionales también contribuye al éxito.

2. Continúe aprendiendo leyendo libros de inversión, siguiendo noticias financieras y asistiendo a seminarios o talleres financieros. También puede consultar con asesores financieros para obtener orientación personalizada y explorar cursos en línea para profundizar sus conocimientos sobre inversiones. La participación en comunidades de inversión o foros de discusión también puede proporcionar información de inversores experimentados.

# APÉNDICES

## GLOSARIO DE TÉRMINOS DE INVERSIÓN

*Un glosario de términos de inversión comunes es una valiosa herramienta de referencia para comprender el lenguaje de la inversión.* **Aquí hay una lista completa de términos que lo ayudarán a navegar en el mundo de las inversiones:**

**Asignación de activos:** *El proceso de dividir las inversiones entre diferentes clases de activos, como acciones, bonos y bienes raíces, para equilibrar el riesgo y la recompensa.*

**Mercado bajista:** *Una condición del mercado caracterizada por precios a la baja y un pesimismo generalizado, típicamente definido por una caída del 20% o más desde los máximos recientes.*

**Mercado alcista:** *Una condición del mercado caracterizada por el aumento de los precios y el* optimismo, generalmente definida por un aumento del 20% o más desde los mínimos recientes.

**Ganancias de capital:** La ganancia obtenida cuando una inversión se vende por más de su precio de compra.

**Pérdidas de capital:** La pérdida incurrida cuando una inversión se vende por menos de su precio de compra.

**Diversificación:** La estrategia de distribuir las inversiones entre diferentes clases de activos e industrias para reducir el riesgo.

**Dividendos:** Pagos realizados por una corporación a sus accionistas, generalmente como distribución de ganancias.

Fondos cotizados en bolsa (ETF): fondos de inversión que se negocian en bolsas de valores como acciones individuales y brindan diversificación al rastrear un índice o sector específico.

**Cobertura:** El uso de instrumentos o estrategias financieras para compensar pérdidas potenciales en una inversión o cartera.

**Fondo indexado:** Un tipo de fondo mutuo o ETF diseñado para replicar el desempeño de un índice de mercado específico, como el S&P 500.

**Liquidez:** La facilidad con la que un activo puede convertirse en efectivo sin afectar su precio de mercado.

**Fondo de inversión:** Un fondo de inversión que reúne dinero de múltiples inversores para invertir en una cartera diversificada de acciones, bonos u otros valores, administrado por un administrador de fondos profesional.

**Portafolio:** Conjunto de inversiones mantenidas por un individuo o institución.

**Reequilibrio:** El proceso de ajustar la asignación de activos de una cartera para mantener el equilibrio riesgo-recompensa deseado.

**Tolerancia al riesgo:** El nivel de riesgo que un inversor está dispuesto a aceptar en busca de rendimientos de la inversión.

**Venta corta:** La práctica de vender valores prestados con la intención de recomprarlos a un precio más bajo.

**Análisis técnico:** El uso de gráficos e indicadores técnicos para analizar tendencias de precios y predecir movimientos futuros del mercado.

# HOJAS DE PLANIFICACIÓN DE INVERSIONES

Las hojas de trabajo de planificación de inversiones lo ayudan a organizar sus objetivos de inversión, realizar un seguimiento del progreso y planificar su estrategia de inversión. A continuación se muestran ejemplos de hojas de trabajo que puede utilizar para planificar y realizar un seguimiento de sus inversiones:

## HOJA DE ESTABLECIMIENTO DE METAS DE INVERSIÓN

- ☐ Enumere sus objetivos financieros a corto y largo plazo.
- ☐ Defina el marco de tiempo deseado para cada objetivo.

☐ Determine la cantidad necesaria para lograr cada objetivo.

☐ Evalúe su tolerancia al riesgo para cada objetivo.

## HOJA DE ASIGNACIÓN DE ACTIVOS

☐ Identifique las clases de activos en su cartera (por ejemplo, acciones, bonos, bienes raíces).

☐ Defina los porcentajes de asignación de activos que desee.

☐ Realice un seguimiento de su asignación de activos actual para identificar discrepancias.

## HOJA DE TRABAJO DE REVISIÓN Y REEQUILIBRIO DE CARTERA

☐ Programe revisiones periódicas de la cartera (por ejemplo, trimestralmente, anualmente).

☐ Enumere los pasos para reequilibrar su cartera.

☐ Realice un seguimiento de los cambios en la asignación de activos y las actividades de reequilibrio.

## HOJA DE TRABAJO DE SEGUIMIENTO DEL DESEMPEÑO DE LAS INVERSIONES:

- ☐ Realice un seguimiento del rendimiento de las inversiones individuales y de su cartera general.
- ☐ Registre ganancias de capital, dividendos y otros ingresos por inversiones.
- ☐ Compare el rendimiento de su cartera con puntos de referencia relevantes.

## MUESTRAS DE CARTERAS DE INVERSIÓN

- ☐ Los portafolios de inversión de muestra sirven como modelos para diferentes perfiles de riesgo y objetivos de inversión. A continuación se muestran algunos ejemplos de carteras con diferentes tolerancias al riesgo:

## CARTERA CONSERVADORA

- ☐ Centrarse en la estabilidad y la preservación del capital.
- ☐ Asignación de activos: 60% bonos, 30% acciones, 10% efectivo.
- ☐ Invierta en bonos gubernamentales y corporativos de alta calidad.

- ☐ Incluya acciones que paguen dividendos para obtener ingresos.
- ☐ Mantenga una parte de la cartera en efectivo o equivalentes de efectivo para obtener liquidez.

## CARTERA EQUILIBRADA

- ☐ Apuntar a un equilibrio entre crecimiento y estabilidad.
- ☐ Asignación de activos: 50% acciones, 40% bonos, 10% bienes raíces u otras alternativas.
- ☐ Diversificarse en diferentes industrias y regiones geográficas.
- ☐ Utilice fondos indexados y ETF para una amplia diversificación.

## PORTAFOLIO ORIENTADO AL CRECIMIENTO

- ☐ Centrarse en la apreciación del capital y mayores rendimientos.
- ☐ Asignación de activos: 70% acciones, 20% bonos, 10% bienes raíces u otras alternativas.
- ☐ Invierta en acciones de crecimiento y mercados emergentes para obtener mayores rendimientos potenciales.
- ☐ Utilice ETF para diversificarse en varios sectores.

☐ Incluya una pequeña porción de bonos para estabilidad e ingresos.

Estas carteras de muestra se pueden personalizar para adaptarlas a su tolerancia al riesgo individual, objetivos financieros y horizonte de inversión. Úsalos como plantillas para crear una cartera que se alinee con tus objetivos y te ayude a alcanzar tus metas financieras.

Me encantaría saber lo que piensas sobre mi libro. Sus comentarios no sólo son valiosos, sino que son esenciales para mi crecimiento como autor. Con tu reseña, no sólo me estás guiando a mí, sino también ayudando a otros a decidir si este libro es adecuado para ellos. Tus palabras podrían ser el faro de la próxima lectura favorita de alguien. Gracias por ser parte de mi viaje como escritor. Espero ansiosamente sus pensamientos.